Ulrich Schaffer

… weil du einmalig bleibst

Verlag Ernst Kaufmann

Vor zwölf Jahren, 1987, habe ich das erste kleine Heft in dieser Reihe veröffentlicht. Es hieß „...weil du einmalig bist“. Inzwischen ist viel passiert: Der kalte Krieg ist beigelegt, die Mauer ist gefallen, die Sowjetunion hat sich aufgelöst, AIDS ist zu einem Begriff geworden, und per Internet sind wir so miteinander verbunden wie noch nie. So manche Ideen sind gekommen und wieder gegangen. Einerseits haben wir neu Mut gefasst und andererseits sieht es in vielen Teilen der Welt so düster aus, dass wir Gefahr laufen, den Mut zu verlieren.

Über all das hinaus bleibt der Gedanke wichtig, dass jeder Mensch einmalig ist. Aber es genügt nicht, dies nur zu denken – man muss es *leben,* umso mehr, als die Tendenz zur Vermassung eher noch zugenommen hat. Auch die Fähigkeit, sich selbst als wertvoll zu schätzen, ist trotz aller Betonung des Einzelnen nicht zu einer Lebensform geworden. Es ist weiterhin schwer an diese Einmaligkeit zu glauben und sie zu leben.

Da Bäume für mich ganz besondere Beispiele für Einmaligkeit sind, habe ich für dieses Thema viele Bilder mit Bäumen ausgewählt.

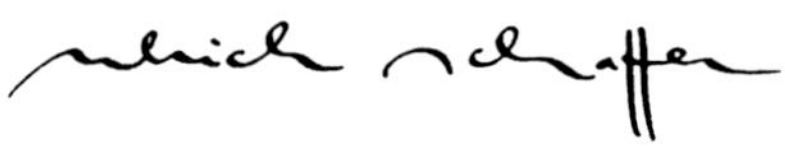

Vieles hat sich verändert.
Du bist älter geworden.
Vielleicht ist es jetzt schwerer auf das Glück zu hoffen
und an die eigenen Fähigkeiten zu glauben,
weil du auf Grenzen gestoßen bist,
die schon überwunden schienen.
Jetzt sind sie wieder da
und scheinen manchmal unverrückbar zu sein.
Mit fünfzig und sechzig
Grenzen zu überwinden ist schwerer,
als es mit zwanzig zu tun.
Aber es ist nicht unmöglich.

Hast du schon mal daran gedacht,
dass auch alles, was du *nicht* kannst,
und was du *nicht* hast,
dein Leben ausmacht
und ihm seine eigene Form gegeben hat?
Dass du nicht singen konntest,
dass du körperlich oft schwach warst,
dass es dir schwerer fiel zu glauben,
was andere leicht glauben konnten,
dass du nicht so gut ausgesehen hast,
wie du es dir immer gewünscht hast,
dass du ernst warst und andere damit verunsichert hast,
dass du immer wieder in einer Enge leben musstest,
dass es dir immer wieder an Geld gefehlt hat,
um so zu leben, wie du es dir vorgestellt hast,
das alles warst du und bist du.

Das gibt dir Gestalt.
Nichts davon ist überflüssig.
Auch was du nicht kannst,
ist deine Begabung.

Deine Würde,
die du früher so oft an dem festgemacht hast,
was du konntest und was du besessen hast,
kann jetzt nicht mehr von daher kommen.
Du weißt es,
vielleicht schon lange.
Deine Würde kommt von deiner Beziehung
zu dir selbst.
Niemand kann dich entwürdigen,
nur du selbst kannst es.
Und die Würde,
die andere dir geben,
kann nie die Würde ersetzen,
die du selbst dir gibst.
Alles beginnt in dir.

Vielleicht ist nichts so spannend,
wie die Gestaltung der leeren Momente,
der freien Plätze, der unverstellten Räume,
der unbewohnten Gegenden deines Lebens.
Fülle sie nicht mit dem,
was andere dir anbieten,
nicht mit dem Überfluss der Welt,
nicht mit den Spielzeugen, die dich ablenken,
nicht mit den Dingen, die dich arm machen,
oder mit Gedanken, die dich gefangen setzen,
nicht mit dem bunten Abfall,
der dich entwürdigt.
Gib der Kleinlichkeit nicht nach.

Nimm wahr,
dass du auch aus Löchern bestehst,
die nicht gestopft werden müssen,
die aber mit Bedeutung gefüllt werden können.
Weite ist deine Berufung.

Kannst du dir vorstellen,
jetzt, in deinem Alter,
noch neue Haltungen zu entwickeln,
ungewohnte Einstellungen zu üben,
und nicht schon im Voraus zu wissen,
wie es am besten ist?
Oder hast du dich so festgelegt
und festlegen lassen,
dass jede Veränderung dir zu anstrengend ist?

Kannst du dich noch in Frage stellen,
dich herausfordern etwas Neues zu wagen,
anstatt dich immer nur zu wiederholen?
Lass dich von dir selbst überraschen!
In dir gibt es noch Reichtum an Unerschlossenem,
Wirklichkeiten, die erlebt werden wollen,
Gedanken, die in Taten umgesetzt werden wollen.

Kannst du noch aufbrechen?

Vielleicht ist nichts wichtiger
als deiner reifen Liebe
eine einmalige Gestalt zu geben,
sie nicht mehr nach Mustern und Vorbildern zu gestalten,
deren innere Welten du nicht kennst.
Immer mehr löst du dich aus dem,
wie andere es sehen,
wie das übergroße „man" alles sieht,
und immer mehr ist jetzt wichtig
zu verstehen, dass deine Art zu lieben
ein Teil des ganzen Bildes ist.

Mach aus deinem Leben
ein Seminar der Zuwendung,
eine Feier des Verstehens,
ein Fest der Liebe.

Einmalig kannst du auch darin sein,
wie du dich wehrst gegen die Wiederholungen,
die versuchen dein Leben auszuhöhlen.
Manches liegt hinter dir und hat dich geformt,
aber es liegt an dir,
ob du dich durch dein vergangenes Leben
festlegen lassen willst.

Spürst du
die Sehnsucht auszubrechen,
hörst du den Ruf des Neuen?
Zieht dich das Abenteuer des Geistes an
und hast du Mut für die Wagnisse,
die das Leben dir anbietet?

So wie in einem Wald
jeder Baum anders ist,
auch wenn sich alle ähneln,
so bist du:
Mensch unter Menschen,
einmalig unter Einmaligen.

Durch deine einmalige Sicht
gibst du der Welt einen Sinn.
Der Sinn, den andere gefunden haben,
ist nicht unbedingt dein Sinn.
Ihre Werte müssen nicht deine Werte sein.
Aus unzähligen Erlebnissen
hat sich dein Leben zusammengesetzt,
und eben aus diesen Erlebnissen
hast du deine Werte geformt.
Daraus entsteht dein Sinn.

Die Stimme,
die dich ins Leben gerufen hat,
hat dir befohlen,
deiner Sicht der Welt
nachzugehen.
Unaufhaltsam.

Dein Leben hat jetzt Momente,
– und manchmal sind es nicht nur Momente,
sondern Tage und Wochen, sogar Monate –
da wirkt die Welt verschlossen.
Die andern scheinen das Leben zu haben,
du hast nur noch das Nachdenken,
das Grübeln, das Versinken,
manchmal sogar das Untergehen in Gedanken.
Du findest immer weniger Menschen,
auf die du schauen kannst.
Du fühlst dich allein.

Aber du bist nicht allein.
Du magst dich so fühlen,
weil du dich selbst so herausforderst,
wie du es nie getan hast.
Du bist soweit gereift,
dass du jetzt anderen den Weg bahnen kannst.
Du folgst nicht mehr, sondern du gehst voran.
Du brauchst jetzt keine Vorbilder mehr,
weil du selbst Vorbild sein kannst.

Hältst du aus, dich so zu sehen:
einmalig und als Wegbereiter?
Auch die Angst ist ein Teil dieses Weges.

Einmalig können wir auch darin sein,
wie wir etwas loslassen.
Die einen halten fest,
sie wollen alles behalten, besitzen und verwalten.
Andere lassen mit Angst oder im Ärger los.
Sie haben im Stillen geglaubt,
dass sie ewig jung bleiben.
Sie werden bitter und hart,
weil ihr äußeres Leben schrumpft
und sie das innere Leben
noch nicht wirklich entdeckt haben.

Und dann gibt es die,
die ihren Besitz in offenen Händen halten.
Sie wissen, dass sie nichts mitnehmen können,
und dieses Wissen wird ihr größter Reichtum.
Sie besitzen, als besäßen sie nicht,
sie verstehen, dass alles nur eine Leihgabe ist.
Ihnen gehört alles, weil sie nichts besitzen müssen.
Die Welt kommt zu ihnen,
weil sie nichts in Beschlag nehmen.

Einmalig wirst du auch in deinem Altern sein,
wenn es dir wichtig genug ist,
deinen einzigartigen Weg auch da zu gehen.
Du hast deine Eltern, deine Onkel und Tanten,
die ganze Generation vor dir beim Altern erlebt,
und still und fast unbewusst
legt sich ihre Art zu altern auf dich
und du glaubst,
dass es dir ebenso gehen wird
wie ihnen.

Aber nichts davon ist festgelegt.
Wie du in deiner Kindheit und Jugend
einmalig warst,
so kannst du auch einmalig altern.
Erinnere dich immer wieder an deine Werte,
an das, was dir wichtig war,
und lebe es auch jetzt.
Lass dich nicht von denen bestimmen,
die schon wissen,
wie es ist,
alt zu werden.
Sie reden nur von sich selbst,
nicht von dir.

Traust du dich auch an das Letzte
und Schwerste heran, an dein Sterben?
Nicht an das allgemeine Sterben
oder das Sterben anderer,
nicht an die Diskussionen über Euthanasie
und die Lebensverlängerung an Maschinen,
nicht an die medizinischen und ethischen Probleme?
Über all das lässt sich reden,
wie über etwas, das uns nicht angeht.
Aber kannst du dich befassen mit deinem eigenen
unverwechselbaren Sterben?

Auch in deinem Sterben kannst du einmalig sein.
Öffne deine Gedanken für deinen Weg,
entdecke deine ureigene Gestalt,
ahne die Möglichkeiten,
die in den letzten Jahren, Monaten,
Stunden und vielleicht Minuten liegen.
Lass dich nicht fangen von den dunklen Denkern,
von ihrer Hoffnungslosigkeit und Bitterkeit.
Auch unser Sterben kann ein Kunstwerk sein.

Wie geht es weiter?
Was geschieht nach unserem Tod?
Vielleicht haben wir den Himmel,
den wir uns jetzt hier vorstellen!
Vielleicht ist der Glaube
der größte Baumeister von allen.
Vielleicht ist der Bruch
zwischen dieser und jener Welt nicht so groß,
wie wir meinen.

Dann würde die Energie,
die wir in die Liebe und Hoffnung fließen lassen,
nicht nur ein verändertes Leben
hier und jetzt bedeuten,
sondern wir würden an einer Zukunft bauen,
die wir nur ahnen.

Wir dürfen nie vergessen,
dass wir Teil einer größeren Ordnung sind.
Auch wenn wir uns unscheinbar fühlen,
sind wir wichtig
für die Vollendung des umfassenden Plans.

Bibliografische Information Der Deutschen Bibliothek
Die Deutsche Bibliothek verzeichnet diese Publikation in der Deutschen Nationalbibliografie;
detaillierte bibliografische Daten sind im Internet über http://dnb.ddb.de abrufbar.

2. Auflage 2004 · © 2003 by Verlag Ernst Kaufmann, Lahr

Hergestellt bei Proost N.V. Turnhout (Belgium) · Fotos: Ulrich Schaffer
Gestaltung: JAC · ISBN 3-7806-0731-X